SÚPER CHISTES

5

AF277622

Papel certificado por el Forest Stewardship Council®

Primera edición con esta encuadernación: mayo de 2024

© 2014, Pau Clua, por el texto
© 2014, Álex López, por las ilustraciones
© 2014, Penguin Random House Grupo Editorial, S. A. U.
Travessera de Gràcia, 47-49. 08021 Barcelona
Coordinación editorial: Bonalletra Alcompas S.L.
Diseño y maquetación: Elisenda Nogué / www.metagrafica.com
Corrección: Sergio Herrero
Diseño de la cubierta: Penguin Random House Grupo Editorial / Judith Sendra

Printed in Spain – Impreso en España

ISBN: 978-84-10298-78-1
Depósito legal: B-8.004-2024

Impreso en Liber Digital, S. L.
Casarrubuelos (Madrid)

GT98781

SÚPER CHISTES

5

Los chistes más divertidos sobre
el mayor entretenimiento del mundo:
¡EL FÚTBOL!

montena

En el estadio se juega un partido. A los 90 minutos, el árbitro mira su reloj pero deja jugar un rato más. Al cabo de 10 minutos, vuelve a mirar su reloj y deja jugar un rato más. A la media hora, vuelve a mirar su reloj y deja jugar un rato más. Pasadas dos horas, los jugadores de los dos equipos, ya hartos de jugar, detienen el juego, van hacia el árbitro y le dicen:

—Oiga, que llevamos cuatro horas jugando. ¿No piensa pitar el final?

Y el árbitro contesta:

—¿Cómo? ¿Es que aquí no se pagan las horas extras?

Un hombre llega al partido cuando ya ha empezado y le pregunta a la vecina de asiento:
—¿Qué? ¿Cómo vamos?
—Perdemos 1 a 0.
Y el hombre se pone a gritar:
—¡Árbitro, fueraaaaa, malo, buuuuh!

Dos hinchas rivales están viendo a su equipo y uno le pregunta al otro:
—¿Sabes por qué llaman a tu equipo el «Titanic?»
—¿Por qué?
—Porque todos lo van a ver, pero ya saben como acaba: Mal.

En las semifinales del Mundial, España juega contra
Japón y, en las gradas, un hincha le dice a su amigo:
—Me han dicho que el delantero del rival es muy malo.
¿Tú sabes cómo se llama?
Y el amigo contesta:
—Nitoko Nikito.

—Y tú, ¿sabes por qué llaman a vuestro equipo Jurásico?
—¿Por qué?
—Porque antes eran grandes y ahora ya no existen.

Durante el descanso, el vendedor ambulante le vende un paquete de palomitas a un niño. Al cabo de un rato, cuando está en la otra punta del estadio, se encuentra al mismo niño y le dice sorprendido:

—Oye, ¿hace un momento no estabas en el otro lado?

—Sí —dice el niño—, es que me trajo la ola.

Justo antes de empezar un partido, un defensa supercachas le dice a su compañero:

—No sé de qué me sirve cultivar mis músculos, si después no puedo cosecharlos.

Un padre y un hijo llegan al estadio del Barça y el padre se da cuenta de que se ha olvidado las entradas en casa.

—Corre, hijo, vete a casa, abre el primer cajón del recibidor y trae las entradas.

El niño, veloz, corre hacia su casa y en cinco minutos vuelve con las entradas, diciendo:

—Papá, no te lo vas a creer. Mamá dice que está harta de ti y que se marcha de casa.

Y el padre, desesperado, contesta:

—¡Tú sí que no te lo vas a creer! ¡Hoy no juegan Messi ni Neymar!

—Dígame, ¿cómo ha visto el partido?
—No acabo de encontrar mi lugar en el equipo...

Es la final del Mundial. El estadio está lleno de gente.
Un hombre llega, ve que a su lado hay un asiento vacío
y le dice a la mujer que está más allá:

—Qué raro… Un asiento vacío.

—Sí —contesta la mujer—. Era de mi marido, pero se
murió.

—Vaya, lo lamento —continúa el hombre—. ¿Y por qué
no le ha dejado el carnet a algún amigo o familiar?

Y la mujer contesta:

—Lo he intentado, pero todos han preferido ir al
funeral.

Durante un partido, un jugador se acerca al árbitro y le pregunta:

—¿Cuál es el nombre de su perro?

—Yo no tengo perro —contesta el árbitro.

—Oh, perdone —continúa el jugador—. Pensé que era usted ciego y había perdido a su perro lazarillo.

En la final del Mundial entre España y Brasil, el capitán del equipo brasileño le dice al capitán de La Roja:

—Nosotros practicamos un fútbol alegre.

—¿Tocáis mucho el balón? —pregunta el español.

—No —contesta el brasileño—, contamos chistes a nuestros adversarios.

Viendo un partido en el estadio, una mujer le dice a su amigo:

—Hoy he venido con una amiga del pueblo que nunca ha visto un partido en directo.

—¿Y dónde está?

—Pues no lo sé, creo que se ha perdido.

—Vaya, ¿cómo la encontrarás?

—Fácil. En cuanto empiece la ola será la única que lleve el chaleco salvavidas puesto.

—Y, a ese central que no para de correr y de dar vueltas sin ir a ningún lado, ¿cómo le llaman?
—Tiovivo.

Durante el descanso de un partido, un padre va con su hijo a comprar un bocata, y le cuenta:
—En mi época, con solo cinco pesetas me llevaba bocatas, patatas y varias latas de refresco.
—¿Y por qué ahora no? —pregunta el hijo.
Y el padre responde:
—Porque ahora hay cámaras de seguridad por todas partes.

—¿Y por qué a nuestro equipo lo llaman el Belén?
—Porque tiene muchas figuras pero ninguna se mueve.

Acaba de empezar el partido, un niño mira al cielo y,
señalando un helicóptero de vigilancia, le dice a su padre:
—Mira ese helicóptero, papá. ¿Por qué lleva tanto
tiempo parado?
Y el padre contesta:
—Se habrá quedado sin gasolina y no saben cómo bajarlo.

Un defensa del Barça le pregunta a su portero:
—¿Por qué el público nos llama los Bin Laden?
—Porque estamos obsesionados con la Casa Blanca.

Final del Mundial. Argentina contra España. Messi se prepara para lanzar una falta y los jugadores españoles forman una barrera, pero se ponen de espaldas al balón, de cara a la portería.
—¿Se puede saber qué hacen? —pregunta el árbitro.
Y Xavi, desde la barrera, contesta:
—Es que Messi va a meter un golazo y no nos lo queremos perder.

Un padre lleva a su hija al estadio por primera vez y, durante el descanso, se encuentra a un amigo, y le dice:

—Hoy he venido con mi hija y a los veinte minutos ya se ha quedado afónica.

—Caramba —le dice su amigo—. Eso es que ha disfrutado, seguro que querrá volver.

Y el padre contesta:

—Seguro que sí, pero creo que la próxima vez traeré a mi suegra.

En plena final del Mundial, en la tanda de penaltis, un hombre está sentado justo detrás de la portería y oye que alguien llama:

—¡Pepe, Pepe!

El hombre se da la vuelta y, justo cuando lo hace, su equipo marca gol.

—Vaya, me he perdido el gol.

Al cabo de un momento, cuando a su equipo le toca lanzar, vuelve a oír:

—¡Eh, Pepe, Pepe!

El hombre se vuelve a dar la vuelta y, justo cuando lo hace, su equipo marca gol.

Enfadado, el hombre se levanta, y grita:

—¡Vale ya! ¡Que yo no me llamo Pepe!

Justo antes de empezar el partido, un defensa le dice al portero:

—Mi novia me ha dejado porque dice que estoy obsesionado con el gimnasio.

—¿Sí? —contesta el portero— ¡Qué fuerte!

Y el defensa contesta:

—Sí, ¿verdad? Y ya verás cuando me veas sin camiseta.

Dos jugadores antes de empezar el partido:

—¿Has traído el abrelatas?

—No, ¿por qué?

—Porque hoy jugamos en El Sardinero.

En un partido de la selección española, dos aficionados están animando al equipo, cuando uno le dice al otro:
—Oye, no animes tanto a la selección.
—¿Por qué no? —pregunta.
—Porque enseguida se pone roja.

Un delantero, después de fallar un gol y chocar contra el poste de la portería, le dice al portero:
—¿Has oído? Alguien del público me quiere tanto que, aunque he fallado, me ha llamado *crack*.
Y el portero, le contesta:
—Nadie te ha llamado *crack*. Creo que ha sido tu rodilla.

Un espectador está en el estadio viendo un partido con una amiga, ve a un jugador que corre muchísimo, y dice:
—¡Anda, cómo corre! ¿Cómo se llama ese jugador?
Y la amiga contesta:
—Fffffffiiiuuuuuuuuuuu.

Medio minuto antes de empezar un partido, en el túnel de los vestuarios, un jugador le dice a su compañero:
—¿Quieres que te cuente el chiste de la jirafa?
Y el compañero contesta:
—No, que es muy largo.

¿Penalti? ¿Penalti? ¡Yo no he visto nada!

En pleno partido, el entrenador le dice a uno de sus jugadores que salga a calentar por la banda, pero él se niega. Un periodista que lo ha visto le pregunta a su compañera:

—¿Has visto? No quiere salir a calentar.

—No me extraña —dice la compañera—. El último jugador que puso a calentar, se le olvidó y se quemó.

Durante un partido, un jugador se lesiona y le dice a su compañero:

—Ha sido un tirón.

Y este le contesta:

—Ya te dije que no salieras a jugar con el bolso.

El periodista deportivo le pregunta asombrado a un jugador por sus melenas:

—¿Y ese pelo?

Y el jugador, triste, contesta:

—Hace varias temporadas prometí que me lo cortaría cuando marcara un gol.

[Image: Comic with speech bubbles: "¿Usted puede expulsarme por pensar?" / "No." / "Pues pienso que usted es muy malo."]

En plena final del Mundial, un defensa comete una falta clarísima dentro del área, pero el árbitro no pita nada. Desde las gradas se oye a alguien que grita:
—¡Árbitro vendido!
Y otro despistado del público pregunta:
—¿Sí? ¿Quién lo ha comprado?

En un partido del Mundial entre Portugal y Japón, un espectador le dice a su amigo:
—No sé cómo van a entenderse en el campo, si en Portugal hablan portugués y en Japón japonés.

En un estadio de China, estaban jugando un millón de chinos contra otro millón, llega uno y pregunta:

—¿Puedo jugar?

Y otro le responde:

—Uy, no sé. Busca al dueño del balón y pregúntale.

En pleno partido, un jugador ha chutado a portería y la pelota ha impactado contra un pobre pajarito azul que pasaba volando a ras de césped. El portero, mirando al pajarito, dice:

—Oh, pobre Twitter.

Viendo un partido de la Liga, el hijo, seguidor del
Barça, le pregunta al padre, seguidor del Madrid:
—Papá, ¿sabes cómo llaman en China a Cristiano Ronaldo?
—Ni idea. ¿Cómo?
Y el hijo contesta:
—Cachimechi.

En el mismo partido, el padre madridista le pregunta
al hijo culé:
—¿Sabes por qué Messi todavía no ha salido al campo?
—¿Por qué? —pregunta el hijo.
—Porque está en la iglesia intentando ser un buen
cristiano.

Justo antes de empezar el partido el capitán lleva sobre sus hombros a los diez jugadores de su equipo. Un jugador rival pregunta:

—¿Qué haces?

Y el capitán responde:

—El entrenador me ha dicho que el peso del equipo recae sobre mis hombros.

En las semifinales del Mundial entre México y España, un jugador mexicano llora desconsoladamente junto al banderín, y un jugador español pregunta:
—¿Por qué llora ese jugador mexicano?
Y le contestan:
—Porque no se puede comer los tacos.

Un equipo visita el campo del Málaga y el capitán visitante le dice a un compañero:
—Esto se va a llenar de capullos.
—¿Por qué lo dices?
—Porque jugamos en la Rosaleda.

En el banquillo de un campo de segunda división, los mosquitos no paran de molestar a los suplentes, y uno de ellos, dice:

—¡Me están picando los mosquitos!

Y el entrenador le contesta:

—¡Ponte repelente, hombre!

Y el jugador dice:

—Me están succionando sangre los culícidos de la familia de dípteros nematóceros.

Dos seguidores están viendo un partido en el estadio, y uno le dice al otro:

—¿Sabes qué?

—¿Qué?

—Ayer llamé a la policía porque entraron a robar a mi casa y se llevaron hasta los vasos.

—¿Y los detuvo? —pregunta el amigo.

—Los de tubo, los de cava y los de chupito.

El fútbol desde casa

Los mejores chistes sobre el fútbol por la tele

Mientras el padre está viendo un partido, la hija pequeña le pregunta a la madre:

—Mamá, ¿qué es el fútbol?

Y la madre contesta:

—22 hombres en el campo que necesitan un descanso, y miles de hombres en las gradas que necesitan hacer ejercicio urgentemente.

Era un futbolista tan y tan modesto que cuando marcaba, en la repetición por televisión, no celebraba el gol.

🌀 🌀 🌀

Un niño está viendo un partido con su padre, y le pregunta:
—Papá, ¿si un jugador se va por la banda, otro se va por la orquesta?

🌀 🌀 🌀

Dos niños están viendo un partido de fútbol por la tele, y uno le pregunta a otro:
—A ti, ¿qué te gusta más, el fútbol americano o el fútbol europeo?
Y el amigo contesta:
—A mí el europeo, porque usan la cabeza para jugar.

Un matrimonio está viendo cómo pierde su equipo, y la mujer le pregunta al marido:

—¿Sabes en qué se parece nuestro portero a un informático?

—¿En qué? —pregunta el marido.

—En que los dos creen que tienen el mejor equipo, pero lo único que hacen es sacar cosas de la red.

—¿Cómo llaman los chinos al Barça?

—Xin Liga.

🌀 🌀 🌀

Un niño está haciendo los deberes delante de la tele, y le pregunta a su padre:
—Papá, ¿quién ganó a los cartagineses?
Y el padre contesta:
—No lo sé, hijo. Ya sabes que no entiendo de fútbol.

🌀 🌀 🌀

Durante el descanso de un partido, un padre le dice a su hija:
—Oye Julia, ¿sabes cuál es el colmo de un futbolista?
—¿Cuál, papá?
—Que le salga una hija pelota.

Se levanta el telón y se ve al diablo jugando a fútbol sala. A continuación, sale el diablo jugando a fútbol profesional. A continuación, sale el diablo jugando a baloncesto. Se baja el telón. ¿Cómo se llama la película? *Juegos diabólicos.*

෧ ෧ ෧

Por la radio, un periodista le pregunta a su compañero:
—¿Cuál es el 11 de Inglaterra?
Y el compañero responde:
—Eleven.

෧ ෧ ෧

Antes de marcharse por la puerta, un niño le dice a su padre:
—Me voy a la biblioteca. ¿Vienes?
Y el padre, que es un forofo del fútbol, responde:
—¿Quién juega?

Padre e hijo están viendo el final de un partido, y el hijo pregunta:

—¿Por qué el público grita «enfermo» a nuestro equipo?

Y el padre contesta:

—Porque no tiene defensas.

Padre e hijo siguen viendo el partido, y el niño vuelve a preguntar:

—Papá, ¿y ahora por qué gritan «iglesia abandonada», «iglesia abandonada»?

Y el padre contesta:

—Porque no tiene cura.

En un bar de Bilbao, a medio partido, un vasco le dice
a su amigo:
—Oye Patxi, ¿sabes cuánto ha costado el Guggenheim?
—¿Cuánto?
—Cuatro mil millones.
Y el amigo contesta:
—Bueno, si mete goles…

—¿Cómo llaman los chinos al Madrid?
—Caxi Xam Peones.

Después de un partido, un periodista entrevista a un delantero y le pregunta:
—¿Y a ti por qué te llaman Twitter?
Y el futbolista contesta:
—Porque tengo muchos seguidores.

Mientras el marido ve el partido por la tele, la mujer se acerca y le dice:
—¿Qué emoción tiene ver a 22 hombres en calzoncillos detrás de una pelota? ¡Sería mucho más divertido ver a 22 hombres en pelotas detrás de unos calzoncillos!

En el aeropuerto, Juan acaba de ver cómo su equipo ganaba la final del Mundial y manda un Whatsapp a su amigo, que dice:
—Ya soy feliz. Ahora ya puedo ir a Asia tranquilo.
El amigo recibe el mensaje y le dice a su novia:
—Es Juan, que dice que se va «asia» no sé donde.

Un padre y su hijo están delante del televisor, y el hijo pregunta:
—¿Si Canal Plus Liga, la Sexta se queda soltera?

—¿No crees que estás viendo demasiado fútbol últimamente?

@ @ @

A punto de ver el partido, un niño le pregunta a su hermano:
—¿En qué se parecen los jugadores del último equipo de la Liga a un *disc-jockey*?
—¿En qué? —pregunta el hermano.
—En que practican toda la semana para salir a pinchar el domingo.

@ @ @

Dos hermanos están viendo un partido y uno le pregunta al otro:
—¿Por qué a los seguidores de fútbol les llaman hinchas?
—Porque gritan y gritan hasta reventar.

Un chico está viendo un partido por la tele, pasa la madre por detrás y le pregunta:

—Hijo, ¿por qué a tu equipo lo patrocina la marca Nissan?

Y el hijo responde:

—Porque *nisan llevao* la Copa, *nisan llevao* la Liga, *nisan llevao* la Champions.

❁ ❁ ❁

Un padre está escuchando un partido por la radio y oye que hay incidentes en las gradas. Como su hijo está en el campo, decide llamarle por teléfono, y le pregunta:
—Hola, hijo. ¿Cómo estás? ¿Han lanzado bengalas?
Y el hijo contesta:
—Ni idea. Todo está lleno de humo.

❁ ❁ ❁

Viendo un partido, el hijo le pregunta al padre:
—¿Qué hacen los jugadores béticos en Europa?
Y el padre contesta:
—Turismo.

Desde casa, viendo el postpartido, un matrimonio observa a los jugadores subir a su autobús, y la mujer pregunta:

—Oye, ¿por qué nuestro equipo ha fichado al chófer del Numancia?

Y al marido, triste, contesta:

—Ha sido pensando en la temporada que viene. Es que ya se conoce todos los campos de segunda división.

ⓖ ⓖ ⓖ

Un niño entra en la cocina y les dice a sus padres:
—Acabo de ver en la tele *Lo imposible*.
—¿La película de Juan Antonio Bayona? —pregunta la madre.
—No —contesta el hijo—, a mi equipo intentando ganar un partido.

ⓖ ⓖ ⓖ

—Papá, cuéntame un cuento para dormirme.
—Había una vez, durante un partido del Español...
—Zzzzzzz...

Una familia está cenando después de ver un partido de su equipo, y el padre dice:

—Creo que este año, con los nuevos fichajes, no ganaremos nada.

Y la hija pregunta:

—¿Por qué, papa?

Y el padre contesta:

—Porque uno es ruso y se llama Copanov, y el otro es japonés y se llama Notoca Lacopa.

෧ ෧ ෧

Una familia está a punto de ver la final del Mundial y el hijo llama por teléfono:
—Hola papá. Llego tarde. ¿Me puedes decir qué hora es?
El padre, sin mirar el reloj, contesta:
—Qué hora es.
—Gracias.

෧ ෧ ෧

A punto de entrar en casa de los vecinos con parabólica para ver el partido, una mujer le dice al marido:
—¿Me he maquillado demasiado?
Y el marido contesta:
—Depende. ¿Vamos a ver un partido o a matar a Batman?

Justo antes de empezar el partido de la final, una familia ve por la tele cómo un periodista entrevista al capitán del equipo:

—Dígame, ¿se atrevería a hacer un pronóstico para el partido?

El capitán mira hacia arriba y responde:

—Ligeramente nublado.

ම ම ම

—Al pobre no le gusta el fútbol. Prefiere estar por ahí jugando con la pelota.

Una chica está viendo un partido por la tele, su hermano se pone justo delante, y le dice:
—Juan, ¿puedes apartarte un poco?
El hermano pregunta, enfadado:
—¿Me estás llamando gordo?
Y la chica le dice:
—No, te estoy llamando opaco.

🌀 🌀 🌀

¿Qué campo de fútbol fabrica más harina?
El Molinón.

🌀 🌀 🌀

Una mujer le pregunta a su amiga:
—¿Por qué lloran tu bebé y tu marido?
Y la mujer contesta:
—Mi hijo porque le salen los dientes. Mi marido porque su equipo ha vuelto a perder.

Dos hermanos están a punto de ver un partido, y el hermano le pregunta a la hermana:
—¿Por qué no dejan entrar a la mujer de Van Gaal?
Y la hermana contesta:
—Porque está prohibido que metan VanGalas.

Un chico entra en un bar con su portátil y le dice al camarero:

—Hola, quería ver el partido en mi portátil. ¿Me puede dar la contraseña de su wifi?

Y el camarero le dice:

—Al menos tómate un café o algo, ¿no?

Y el chico pregunta:

—¿Todo junto o separado con guiones?

❁ ❁ ❁

En un bar, Manolo y sus amigos acaban de ver el partido y, a la hora de pagar, Manolo dice:
—¡Camarero! La cuenta, por favor.
Desde la barra, el camarero dice:
—50.
Y Manolo, contento, contesta:
—¿Sin cuenta? ¡Muchas *grasias*!

❁ ❁ ❁

—Cariño, deja ya de ver el fútbol, que me haces falta.
—¿Qué dices? ¡Si ni siquiera te he tocado!

Un hombre, su mujer y sus dos hijos llaman por teléfono al restaurante:

—Hola, queríamos reservar mesa para ver la final.

—Muy bien —contesta el dueño— ¿Cuántos comensales?

Y el hombre dice:

—Ninguno. Todos somos hipertensos.

ම ම ම

El hijo está concentradísimo viendo el final del partido, y, sin levantarse del sofá, le grita a su madre:
—¿Me traes un cuarto de pollo?
Y la madre, desde la cocina, le contesta:
—¿Una jaula?

ම ම ම

Acurrucado en el sofá, un matrimonio está viendo el partido, y la mujer dice:
—Con este frío, en el campo deben estar congelados.
Y el marido, sin apartar la vista de la tele, dice:
—Cuando hace frío, un gorro es *funda mental*.

Un chico ha invitado a su novia a ver la final del
Mundial, y la chica le pregunta:
—¿Y los muebles?
Y el chico contesta:
—Ayer me lo robaron todo. Hasta las sillas.
Y la novia contesta:
—No sabes lo mal que me siento.

El padre le dice al hijo:

—Tenemos que ir a Ikea.

—¡Pero ahora empieza el partido! —se queja el chico.

—Ya —responde el padre— pero dijimos que iríamos.

Y el chico contesta:

—Si hay que ir a Ikea, se va. Pero ir *pa ná estantería*.

El fútbol profesional

Las meteduras de pata y situaciones más cómicas
de los jugadores más famosos del mundo

¿Cuál es el colmo del entrenador de un equipo que está a punto de bajar a segunda división?
Que su hija se llame Victoria.

***

Un niño llega a casa y le dice a su padre:
—Papá, papá, en el cole me llaman Mourinho.
Y el padre pregunta:
—¿Por qué? ¿Por qué? ¿Por qué?

***

***

Casillas y Reina están a punto de empezar un partido contra Japón, y Casillas pregunta:

—Oye, ¿cómo se llama su portero?

Y Reina contesta:

—Notoko Ni Bola.

***

La selección española ha ganado a Japón y ahora le toca jugar contra Grecia. Otra vez, Casillas quiere saber cómo se llama el portero de la selección griega, y le pregunta a Reina:

—¿Y su portero cómo se llama?

Y Reina contesta:

—¿No te acuerdas? Nikolais Nikolareis.

¿Por qué Messi se santigua cuando marca un gol?
Para conseguir ser Cristiano.

**

Una noche, paseando por Madrid, Valdés se encuentra
con Casillas y le dice:
—Nos vemos en la final de la Champions, ¿vale?
Y Casillas responde:
—Vale. Yo pongo la casa y tú la bebida.

**

✳✳✳

Paseando de noche por la ciudad, un niño mira al cielo y le dice a su madre:

—¡Mamá, mira, una estrella fugaz!

Y la madre contesta:

—No, hijo, no es una estrella. Es el penalti de Sergio Ramos.

✳✳✳

—¿Sabes por qué Iker Casillas le tiene envidia a Sara Carbonero?

—No, ¿por qué?

—Porque es re-portera.

¿Por qué Ronaldo se llama Cristiano?
Porque Messi es Dios.

***

Iker Casillas está en su casa porque el entrenador no
lo ha convocado, y suena el teléfono:
—¿Diga?
—Llamo de la compañía del gas. ¿Con quién hablo?
—Con Iker Casillas.
—Vale, sí, pero ¿podría pasarme con el titular?

***

***

Un jugador del Madrid le pregunta a uno del Barça:
—¿En qué se parece la sala de trofeos del Barça y el Rastro de Madrid?
—¿En qué? —pregunta el del Barça.
Y el del Madrid responde:
—En que todo lo que hay es viejo, usado o robado.

***

Se abre el telón y se ve una madre dándole una botella de ron a su hijo. ¿Cómo se llama el futbolista?
Ron al ninho.

Pep Guardiola le pregunta a Xavi Alonso:

—¿Sabes cuál es la diferencia entre José Mourinho y Dios?

Xavi Alonso responde:

—No. Ni idea. ¿Cuál?

Y Guardiola responde:

—Que Dios no se cree Mourinho.

✳✳✳

¿Qué jugador de la selección se levanta más temprano? Alba.

✳✳✳

✳✳✳

A punto de jugar un Barça-Madrid, Messi se encuentra
a un cura y le dice:
—Padre, ¿qué debo hacer para tener suerte durante el
partido?
Y el cura contesta:
—Compre dos *Ramos* de flores, rece tres *Di Marías*,
sea un buen *Cristiano*, no salga de sus *Casillas* y no se
preocupe de lo *Khediran*, ¿*Bale*?

✳✳✳

¿Por qué baila Ronaldinho?
Porque Darío Silva.

69

En pleno Mundial, un periodista le pregunta al portero de la selección italiana:

—¿Es verdad que usted es el portero más friolero del mundo?

—Pues sí —contesta el portero.

—¿Y qué hace para combatir el frío? —le pregunta el periodista.

Y el portero contesta:

—Rodearme de diez mantas.

***

✳✳✳

Un jugador del Barça le pregunta a uno del Madrid:

—¿En que se parecen los Teletubbies al Real Madrid?

—¿En qué? —pregunta el del Madrid.

Y el del Barça responde:

—En que ambos saltan al césped a hacer el ridículo.

✳✳✳

En el túnel del vestuario, Marcelo le dice a Piqué:

—¿Por qué a los del Barça os llaman Peugeot 206?

—¿Por qué?

—Porque entran cuatro cómodamente.

71

Sergio Ramos entra a una heladería, y dice:
—Buenos días, quería un helado.
—¿De qué lo quiere? —pregunta el dependiente.
Y Ramos responde:
—Da igual. Se me va a caer…

***

¿Qué hace un árbitro en el baño?
Expulsar a Kaká.

***

***

El capitán de un equipo de primera división que está a punto de bajar a segunda, le pregunta a su portero:
—Oye, ¿sabes por qué todos nos llaman el equipo Seat?
—Claro —responde el portero—, porque el año que viene jugaremos con el Málaga, el Toledo, el León y el Marbella.

***

Un periodista le pregunta a Sergio Ramos:
—¿Qué opinas sobre la gente que hace chistes sobre ti?
Y Ramos contesta:
—¿Quién es ti?

Un día se reúnen Cristiano Ronaldo, Franck Ribéry y Leo Messi, y Ronaldo dice:

—Dios me dijo ayer que soy el mejor jugador del mundo.

Y Ribéry contesta:

—Dios me ha dicho hace media hora que yo soy el mejor jugador del mundo.

Y Messi les dice:

—Perdonen, pero no recuerdo haberles dicho nada.

***

***

Suena el teléfono en los despachos del Barça, una secretaria descuelga y pregunta:
—¿Diga?
—Hola, ¿es la oficina del Barça?
—Sí.
—Quiero ser entrenador del primer equipo.
—¿Está usted loco?
—Sí. ¿Qué más piden?

***

¿Qué postre no toman nunca los jugadores del Barça?
El merengue.

La selección española acaba de perder un partido y, camino al vestuario, uno de sus jugadores empieza a saltar y a gritar:

—¡A los cuartos!

Iniesta, que está a su lado, le dice:

—¿Qué dices, a los cuartos? ¡Pero si acabamos de perder!

Y el otro contesta:

—Por eso. ¡A los cuartos del hotel!

***

—Papá, cuando David Beckam gana, canta Victoria?

Un vecino se encuentra a Neymar y le dice:
—¿Sabes que entre los vecinos te llaman Trasnochador?
Y Neymar contesta:
—Mientras no me llamen temprano...

***

¿Por qué a Iniesta le cuesta tanto escoger corbata? Porque cada vez que se las enseñan dice: esta no me gusta, ni esta tampoco, y *niesta*, y *niesta*.

***

***

Dos seguidores del Betis se dirigen al partido, se encuentran con un seguidor del Sevilla, y le dicen:
—¿Sabes cómo llamamos nosotros al Sevilla F.C.?
—¿Cómo? —pregunta el hincha del Sevilla.
—Televisor coreano, porque no hay técnico que lo arregle.

***

El seguidor del Sevilla les dice a los del Betis:
—¿Y vosotros sabéis por qué os llamamos Película de Charlot?
—¿Por qué? —preguntan los béticos.
—Porqué cuando jugamos contra vosotros el campo está mudo y nos partimos de risa.

Antes de un partido, Valdés se acerca a Iniesta y le dice:

—Oye Andrés, que el Míster me ha dicho que hoy no jugarás.

—Qué raro —contesta Iniesta— Y, ¿sabes por qué?

Y Valdés le dice, riendo:

—Porque eres *Iniestable*.

***

A punto de salir hacia el partido con el autocar, un jugador le pregunta al chófer:

—¿Cabremos todos?

—No cabe duda —contesta el chófer.

Y Duda se quedó sin subir.

***

***

En el hotel de concentración, después de desayunar,
Carles Puyol entra en el ascensor, se encuentra a
Messi, y le dice:
—Leo, ¿por qué hace dos horas que estás metido en el
ascensor?
Y Messi contesta:
—Esperaba a que alguien viniera. Es que no llego al
botón de la octava planta.

***

—¿Por qué a La Roja la llaman el Circo?
—Porque juegan los malabaristas del Madrid, los
leones del Bilbao y el resto son payasos.

A la salida del estadio, un niño va corriendo hacia Messi y le dice:

—Por favor, me puedes firmar 10 autógrafos?

—Claro —contesta Messi—, pero, ¿para qué quieres 10? ¿Para venderlos?

Y el niño contesta:

—¡Qué va! Es que en el cole me dan un autógrafo de Cristiano a cambio de 10 tuyos.

***

Un hombre llama al telefonillo de la sede de la Liga española y pregunta:
—Hola, ¿está el Español?
Y desde el aparato contestan:
—Sí, ahora baja.

Dos aficionados se dirigen al campo y uno le dice al otro:
—¿Te cuento un acertijo?
—Vale —contesta el amigo.
—Mira: Un niño va pidiendo caramelos de casa en casa, pero nadie le da ninguno. Al día siguiente, otro niño a quien le falta el meñique, va a pedir caramelos y le dan en todas las casas. ¿Cómo se llama el jugador de fútbol?
—Ni idea —contesta el amigo.
—*Sindedín Sidán.*

***

***

En las oficinas de Canal Plus suena el teléfono:
—Hola, soy José Mourinho y quiero hacer una
reclamación.
—Muy bien —contesta el técnico—. ¿Qué reclamación?
Y Mourinho grita:
—Pues que me dijeron que si contrataba la Liga me
regalaban también la Champions!

***

—¿Por qué a los aficionados del Atlético de Madrid les
llaman Colchoneros?
—Porque siempre se acaban durmiendo.

En un partido del Mundial, un periodista le pregunta a Del Bosque:

—¿Quién mandará hoy en el campo? ¿El capitán?

Y Del Bosque contesta:

—No, mandará el portero.

—¿Por qué? —vuelve a preguntar el periodista.

—¿Por qué va a ser? Porque Reina en el campo.

***

Primer acto: se abre el telón y se ve a La Roja ganando el Mundial de 2014. Se cierra el telón.

Segundo acto: se abre el telón y se ve a La Roja ganando las Olimpiadas. Se cierra el telón.

Tercer acto: se abre el telón y se ve a La Roja ganando la Eurocopa. Se cierra el telón.

—¿Cómo se llama la obra?

—Misión Imposible.

✱✱✱

Chistes de partidos entre amigos

Un equipo de juveniles va jugar un partido a Londres, pero como hay mucha niebla se suspende y tienen que volver al vestuario. Cuando todo el equipo se está cambiado, se dan cuenta de que el portero no está y vuelven al campo a buscarlo. Cuando llegan, lo ven defendiendo la portería, y le dicen:

—Pero, ¿qué haces? ¿No ves que se ha suspendido el partido?

Y el portero contesta:

—¡Ya me extrañaba a mí que domináramos tanto!

⌗ ⌗ ⌗

Era un portero tan malo, tan malo, que sus compañeros de equipo le dijeron que si le volvían a meter gol, lo cogerían, lo atarían a un poste y lo acribillarían con globos llenos de agua. Llega el día del partido y le meten diez goles. Los compañeros lo cogen, lo atan a un poste y le dicen:

—¿Un último deseo?

Y el portero dice:

—Quiero una barrera.

Un jugador de fútbol se encuentra a su entrenador, y le dice:

—Me ha dicho Juan que ya no quiere jugar más de portero.

—¿Y eso por qué? —pregunta el entrenador.

—Porque no le gustan las armas.

—¿Y qué tienen que ver las armas con el fútbol?

Y el jugador contesta:

—¿Pues que le dan miedo los tiros libres, los tiros directos, los indirectos y los tiros de córner.

\# \# \#

Un entrenador les grita a sus jugadores:
—¡Chutad a gol! ¡Chutad a gol!
Y Gol salió del campo lesionado.

Antes de empezar el partido de la final de clubs
amateurs, el entrenador se dirige al delantero y le dice:
—¿Cómo es que no juegas? Te necesitamos, eres el
máximo goleador.
—Ya —contesta el delantero—, pero el médico me lo
ha prohibido.
—¿Y por qué? —pregunta, enfadado, el entrenador.
—Porque es el capitán del equipo contrario.

Un hombre llega lesionado a su casa, y su mujer le pregunta:

—¿Qué te ha pasado?

Y el hombre responde:

—Pues que estábamos jugando, fui a chutar un córner y, en lugar de darle a la pelota, le dí a un pedrusco que había al lado.

—Qué tonto eres —le dice la mujer.

Y el hombre responde:

—Más tonto es el que intentó marcar el gol de cabeza.

Después de un partido de fútbol en un pueblecito de montaña, un periodista le pregunta al entrenador:
—¿Y cuál fue su estrategia para ganar?
Y el entrenador contesta:
—Saqué al número 10 y metí a cinco jugadores con el número 2.

Bajo el mar, en un partido entre sirenas, hay una que está en el suelo medio aturdida. Su compañera, sujetando el balón, pregunta:
—¿A quién avisamos, al veterinario o al doctor?

Llega un chico al colegio de árbitros, y le dice al encargado:

—Buenos días, quiero ser árbitro.

El encargado se gira, y grita:

—¡Juan, ven a tomarle los datos a este imbécil!

—Oiga —dice el chico—, tampoco hace falta insultar, ¿no?

Y el encargado contesta:

—¡Juan, no hace falta que vengas, que no sirve!

✳ ✳ ✳

Un niño llega a su casa y, triste, le dice a su madre:
— Hoy el entrenador me ha dicho que soy garantía de gol.
Y su madre le dice:
—Pero eso está muy bien, hijo. ¿Por qué estás triste?
Y el niño contesta:
—Porque juego de portero.

Están dos mil chinos jugando un partido dentro de
una cabina telefónica y se oye:
—¡Gooooool!
Y luego al portero que les dice:
—¡Es que me dejáis solo!

Dos niñas pequeñas están jugando al fútbol con una pelota imaginaria, se acerca otra niña y les pregunta:

—¿A qué jugáis?

Y una de las niñas, contesta:

—¿No lo ves? Al fútbol.

—¿Y puedo jugar con vosotras? —pregunta la niña.

—No. No puedes.

Entonces, la niña les dice:

—Pues si no me dejáis jugar, me llevo la pelota.

# # #

En el cielo se organiza un partido entre ángeles y demonios. El capitán de los ángeles le dice al capitán de los demonios:
—No tenéis nada que hacer. Tenemos a los mejores jugadores.
Y el demonio contesta:
—Sí, pero nosotros tenemos a todos los árbitros.

Durante un partido *amateur*, un espectador le grita al portero:
—¡Te estiras menos que el portero de un futbolín!

Un chico llega a su casa y le dice a su madre:

—He ido a inscribirme en un equipo de fútbol, pero como tengo un defecto en la vista y no distingo bien los objetos, no me han aceptado como jugador y me han dado otro puesto.

Y la madre le pregunta:

—¿Qué puesto? ¿De portero?

Y el chico contesta:

—No, de árbitro.

—¡Corre, que los niños ya han salido del cole!

En un partido de fútbol de pueblo, un árbitro entra en el terreno de juego y ve a todos los espectadores con una escopeta en la mano. Con curiosidad, le pregunta al encargado:

—¿Por qué llevan todos una escopeta?

—Porque cuando ganan lo celebran disparando al aire.

—¿Y cuando pierden? —pregunta el árbitro.

Y el encargado contesta:

—No lo sé. No ha pasado nunca.

# # #

—Tranquilo, vienen en son de paz.

# # #

Dos jugadores *amateurs* salen del campo después de perder otro partido, y uno le pregunta al otro:
—Oye, ¿por qué nos gritan Restaurante abandonado?
Y el compañero contesta:
—Porque hace tiempo que no entran copas nuevas.

# # #

Una mujer va de visita al manicomio y en la entrada le pregunta a un señor:
—¿Es usted el portero?
Y el señor contesta:
—No, yo soy delantero centro.

Durante un entrenamiento, el padre le pregunta al entrenador:

—¿Y qué? ¿Qué le parece mi hijo?

El entrenador contesta:

—Que es un jugador muy prometedor.

—¿Ah, sí? —pregunta el padre, contento—. ¿Es muy bueno?

Y el entrenador contesta:

—No, pero hace meses que promete que jugará mejor.

—¿Por qué los vampiros no pueden jugar al fútbol?
—Porque cuando marcan gol, hacen la señal de la cruz y explotan.

Un entrenador les enseña tácticas a sus jugadores en una pizarra llena de flechas, símbolos y jugadas ensayadas. Harto, uno de los niños, pregunta:
—Vale, míster, lo hemos entendido. Pero, ¿cuándo jugamos?
—¿Jugar? —contesta el entrenador—. Nunca. Nosotros somos expertos en pelota parada.

¿Por qué todos los equipos nos llaman el Quirófano?
Porque todos salen de aquí con puntos.

# # #

En un partido entre hormigas y elefantes, justo cuando
falta un minuto para acabar, una hormiga está a punto
de marcar gol, llega un elefante y la pisa. La hormiga
logra levantarse medio moribunda, y el elefante le dice:
—¿Me perdonas?
Y la hormiga contesta:
—Claro, tranquilo, yo hubiera hecho lo mismo.

# # #

Durante un partido *amateur* hay una gran pelea
entre el público, entra la policía y empieza a repartir
porrazos. Cerca de ellos, un espectador grita:
—¡Están pisoteando nuestros derechos!
Y su mujer, al lado, le dice:
—¡Uf, suerte que soy zurda!

En el patio del cole había un niño tan, pero tan rápido
jugando al fútbol, que sacaba un córner y lo remataba
él mismo.

Un equipo *amateur* tiene que jugar un partido en
Inglaterra, y el entrenador le pregunta al capitán:
—¿Tienes buen nivel de inglés?
—Claro —contesta el capitán.
—A ver —continúa el entrenador—. ¿Cómo se dice
cenizas en inglés?
Y el capitán contesta:
—Ashes.
—¿Y lo sabes usar en una frase?
—Claro —contesta el capitán—. *¿Ola k ashes?*

#

Un niño le dice a su amigo:
—Ayer jugué un partido de fútbol y me pegaron una patada tan fuerte que pensaba que me había roto el peroné.
—¿Y? —pregunta el amigo.
—*Pero no.*

#

En un partido de alevines, un niño ve que su capitán está muy triste en el centro del campo, y le pregunta:
—Oye, ¿por qué estás tan triste?
Y el capitán contesta:
—Porque el sol me pega.

Después de un partido, el capitán del equipo ve que su amigo no se ha presentado a jugar, pregunta donde está y le dicen que en el manicomio. Disgustado, se va a verlo y le pregunta:

—¿Por qué estás en el manicomio?

Y el amigo contesta:

—Porque me gustan más los zapatos de fútbol que los de baloncesto.

—¿Y qué? —dice el capitán—. A mí también me gustan más los zapatos de fútbol que los de baloncesto.

Y el amigo contesta:

—¿Ah, sí? ¿Y cómo te gustan más, fritos o a la plancha?

# # #

✳ ✳ ✳

Un jugador, enfadado, sale del campo y le dice a su madre:
—Me han expulsado por no jugar limpio.
Y la madre le contesta:
—Pues haberte duchado antes.

✳ ✳ ✳

El capitán de un equipo de fútbol le dice a su defensa:
—Se ve que al presidente del club lo persigue Hacienda.
—¿Ah sí? —pregunta el defensa—. ¿Y eso?
Y el capitán contesta:
—Porque IVA a ganar la Liga, IVA a ganar la Copa, IVA a subir a segunda…

En el patio del cole, varios niños compiten con sus respectivos récords:

—Yo tengo el récord de paradas —dice el primero.

—Yo tengo el récord de goles —dice el segundo.

—Yo tengo el récord de goles de cabeza —dice el tercero.

—Pues yo he metido el libro de récords en la batidora y los he batido todos.

112

—¿No ibas a jugar a fútbol?
Y el niño submarinista le contesta:
—Sí, pero en Venecia.

Todos los niños han saltado al terreno de juego menos uno. El entrenador va hacia él, ve que está hablando con sus zapatos y le pregunta:

—Juanito, ¿por qué le hablas al zapato?

Y Juanito contesta:

—Porque aquí pone «Converse».

¡Os he dicho mil veces que no juguéis dentro de casa!

Un joven jugador de fútbol quiere llegar a ser el mejor jugador del mundo y viaja al Tíbet para aprender con un gran maestro. Se pasa tres años con él y, un día, como ve que no avanza, le dice:

—Estoy harto. No creo que sea el mejor jugador del mundo. Me voy.

El maestro, tranquilamente, lo mira de arriba abajo y le pregunta:

—¿Has visto cada día el sol saliendo del horizonte?

Y el futbolista contesta:

—Sí, maestro.

—¿Has visto cada día los nenúfares flotando en el lago?

Y el futbolista contesta:

—Sí, maestro.

—¿Has visto saltar al saltamontes? ¿Has visto florecer el almendro? ¿Has visto volar a las águilas?

—Sí, maestro.

Finalmente, el maestro, enfadadísimo, le grita:

—¡Pues si en vez de distraerte con todas estas chorradas hubieras estado entrenando, ya serías hace tiempo el mejor jugador del mundo, *atontao*!

Un equipo de fútbol juvenil estrena equipación: camiseta blanca, pantalón blanco y calcetines blancos. El capitán del equipo contrario, se les acerca, y les dice:

—Parecéis una tarta de boda.

—¿Por qué lo dices?

—Porque sois blancos, empalagosos y al final siempre acabáis derretidos.

Un niño, desde el comedor, grita:
—¡Mamá, mamá, España ha ganado otra vez el Mundial!
Y la madre, desde la cocina, responde:
—Vale, hijo, vale, pero apaga ya la Xbox y ven a cenar.

§ § §

Un seguidor bético le pregunta a un seguidor del Sevilla:
—¿Por qué los jugadores del Sevilla se han ido a esquiar?
—No lo sé.
—Para practicar el descenso.

§ § §

§ § §

En la carretera, un policía detiene un coche. Dentro
van un seguidor de Barça y otro del Madrid.
—A ver —pregunta el policía—, ¿por qué conduce usted?
Y el seguidor del Barça, señalando a su compañero, dice:
—Porque este va con seis copas de más.

§ § §

Dos niños del Madrid están viendo un partido, y uno le
dice al otro:
—¡Bah! Messi tendrá cuatro balones de oro, pero yo
puedo coger los yogures de arriba de la nevera.

Un abuelo muy, muy aficionado del Barça está muy enfermo en su cama. Llama a su familia y les dice:
—Mi última voluntad es darme de baja del Barça y hacerme socio del Madrid.
—¿Cómo? —pregunta un hijo, sorprendido—. ¡Pero si siempre has sido culé!
—Por eso —contesta el abuelo—. Me voy a morir. Mejor que se quede sin un socio el Madrid que el Barça.

§ § §

Unos padres acuden al despacho del director para hablar de lo mal que se porta su hijo. No se habían dado cuenta de que era la final del Mundial hasta que llegan allí:
—Sí, sí, es muy urgente que hablemos del comportamiento de su hijo —les dice el hombre intentando evitar mirar la tele.
—Si nos hubiésemos vestido de futbolista nos habría hecho más caso —comenta la mujer.

§ § §

Un seguidor del Sevilla le pregunta a un seguidor del Betis:
—¿Sabes por qué a los del Betis os llaman Mangueras viejas?
—¿Por qué?
—Porque perdéis por todos lados.

§ § §

Un atracador se acerca a una chica y le grita:
—¡Levante las palmas!
Y la chica contesta:
—Yo pondría una X.

Un hombre llega muy tarde al trabajo, y le dice a su jefe:
—Me he quedado dormido porque estaba soñando con la final del Mundial.
—¿Y eso que tiene que ver con que se haya dormido? —pregunta el jefe.
Y el hombre contesta:
—Pues que el partido terminaba en empate, ha habido prórroga y penaltis.

§ § §

§ § §

Una mujer le pregunta a su amiga:
—Oye Marta, ¿tú cuándo supiste que tu marido era un enfermo del fútbol?
Y Marta contesta:
—Cuando empezó a sacar la tarjeta roja para castigar a los niños.

§ § §

Ahora es Marta quien pregunta:
—¿Y tú, cuándo te diste cuenta?
Y la amiga contesta:
—Cuando empezó a lanzar una moneda al aire para ver quién sacaba la basura.

Después de un partido, un grupo de hinchas se lleva al árbitro encima de sus hombros, y este les dice:

—No se molesten…

Y uno de los hinchas contesta:

—No es molestia. El acantilado está aquí mismo.

§ § §

Era un tipo tan aficionado al fútbol que cuando tenía invitados los sentaba en formación 4-4-2.

§ § §

§ § §

Un chico entra en una tienda de deportes y pregunta:
—¿Tienen botas de fútbol?
El dependiente pregunta:
—¿Con tacos?
Y el chico, grita:
—¡Déme unas malditas botas de fútbol, estúpido!

§ § §

En la cola de una tienda, un cliente pregunta:
—Perdonen, ¿el último?
Y uno contesta:
—El Zaragoza, con 34 puntos.

125

Durante el derbi entre la Real Sociedad y el Athletic de Bilbao, un seguidor Athletic le pregunta a un seguidor de la Real:

—¿Quién cogería antes un billete de 10.000 euros? ¿Superman o una estrella de la Real Sociedad?

—La estrella de la Real, claro —contesta.

—Pues no. No lo cogería nadie porque ni los billetes de 10.000 euros existen, ni Superman existe, ni la Real tiene estrellas.

§ § §

§ § §

En la barra del bar, un chico le dice a su amigo:
—El doctor me ha aconsejado que no juegue más al fútbol.
—¿Por qué? —pregunta el amigo—. ¿Estás enfermo?
—No. Ha visto lo mal que juego.

§ § §

A un chico muy obsesionado con el fútbol, su madre le pregunta:
—¿Por qué no vas nunca a la iglesia?
Y el chico contesta:
—Porque cuando el cura alza la copa me da envidia.

Una chica entra en el confesionario de una iglesia y le dice al cura:

—Padre, creo que me estoy obsesionando con el fútbol.

Y el cura le dice:

—No pasa nada, hija mía. A las devotas también les puede gustar el fútbol.

Y la chica pregunta:

—¿Y a las que llevamos sandalias?

§ § §

§ § §

Dos hinchas abandonan el campo después de perder
otro partido, y uno le dice al otro:
—¿Qué pasará después que ganemos el campeonato?
Y el otro contesta:
—Que sonará el despertador.

§ § §

Un jugador de fútbol, contento porque su equipo
puede subir de categoría, escala una montaña y
cuando llega a la cima, grita:
—¡¡Nuestro equipo es de primera!!
Y el eco le responde:
—Era, era, era…

En la escuela, un profesor pregunta:

—A ver, Juan, dime tres hombres famosos que empiecen con la letra P.

Juan contesta:

—Piqué, Pinto y Puyol.

—¿Y no te suenan nombres como Picasso, Platón o Pavarotti?

Y Juan responde:

—No. Es que los de segunda división no me interesan.

§ § §

§ § §

Una mujer le dice a su madre:
—Pedro me ha dicho que me abandonará si no dejo de ver partidos por la tele.
Y la madre le dice:
—Qué mal, ¿no?
Y la hija contesta:
—Pues sí. Lo extrañaré mucho.

§ § §

Un chico se encuentra con su amigo y, triste, le dice:
—Mi novia me ha dejado por mi obsesión por el fútbol. No lo entiendo. Solo llevaba con ella dos jornadas.

Un superhincha de la selección española llega contentísimo a su casa y le dice a su mujer:

—¡María! ¡María! ¡He cumplido mi sueño! ¡He estado en el césped con todos los jugadores de la selección! ¡Con todos!

—¡Es genial, cariño! ¿Y qué te han dicho?

Y el marido contesta:

—Que saliera del campo inmediatamente o llamaban a la policía.

§ § §

§ § §

En un pueblo, un aficionado pasa por delante de
campo de fútbol, ve un cartel que pone «Se alquila», y
le pregunta al dueño:
—¿Vende el campo?
—Alquilo —contesta el dueño.
Y el hombre pregunta:
—¿A cuánto *el quilo*?

§ § §

—Oye, ¿a nosotros por qué nos llaman los Spielberg?
—Porque jugamos de película.

Un hombre va al médico y le dice:

—No puedo más, doctor. Cada noche sueño que soy portero de fútbol y que tengo que parar un penalti importantísimo.

—Bueno, no se preocupe —dice el doctor—. Solo tiene que soñar con otra cosa. Por ejemplo, viajes, comida...

—Si hombre —interrumpe el paciente—. ¿Y si me meten gol?

§ § §

§ § §

Un hombre llega al estadio de fútbol de su ciudad
con un montón de sacos de estiércol, los mete en las
oficinas y el encargado le dice:
—¿Pero qué hace? ¿Por qué ha traído tanto estiércol?
Y el hombre contesta:
—Vengo a abonarme.

§ § §

Un seguidor del Real Madrid quiere tomarle el pelo a
un seguidor del Atlético de Madrid, y le dice:
—¿Sabes cuál es la curva más peligrosa de la M-30?
—¿Cuál?
—La del Calderón, porque hay que tomarla en segunda.

Durante un entrenamiento, un jugador le dice al entrenador:

—Tengo un perro que siempre viene a ver los partidos y que siempre aúlla cuando perdemos.

—¿Y cuando ganamos qué hace? —pregunta el entrenador.

—No lo sé —contesta el chico—. Solo hace dos años que lo tengo.

§ § §

§ § §

La hija de un superseguidor del Betis le pregunta a su padre:

—Papá, ¿por qué se llama la liga BBVA?

Y el padre contesta:

—¿Por qué va a ser, hija? Por Betis Balompié Vence A todos.

§ § §

—¿Por qué los seguidores que no saben inglés nunca van bien vestidos cuando viajan en avión para ver a su equipo?

—Porque hay un cartel que pone «No smoking».

En una cena se reúnen hinchas del Real Madrid y del Fútbol Club Barcelona. A medida que la cena avanza, salen las rivalidades, y uno del Barça le dice a uno del Madrid:

—¿Sabes cómo llamamos en casa al Real Madrid?

—¿Cómo? —pregunta el madridista.

—Chiringuito de playa, porque solo funciona en verano.

§ § §

§ § §

En la misma cena, el hincha del Madrid quiere
vengarse, y le dice al del Barça:
—¿Sabes lo que significan las siglas F.C.B.?
—¿Qué? —pregunta el culé.
—Fallos Con Balón.

§ § §

Un niño del Real Madrid, molesto, le pregunta al padre
del Atlético:
—¿Sabes por qué tu equipo juega el sábado?
—¿Por qué? —pregunta el padre.
—Porque al fútbol se juega los domingos.

En un avión van seguidores del Madrid y del Barça.
De repente, el piloto dice que tiene problemas de
sobrecarga, suelta el suelo del avión y todos los
hinchas se agarran del techo. Pero no es suficiente.
Entonces, un hincha del Madrid tiene una idea y
empieza a cantar:

—Tooooot el caaaamp.

Los seguidores del Barça, encantados, se ponen a
aplaudir: plas, plas, plas.

§ § §

§ § §

—¿Cómo se llaman los hinchas holandeses que se fueron del hotel sin pagar?
—Van De Biendo.

§ § §

En un partido de primera división, dos hinchas de equipos diferentes están discutiendo, y uno le dice al otro:
—Vale, vale, te cuento un chiste y tan amigos, ¿de acuerdo?
—De acuerdo.
—A ver, van un argentino, un catalán y un brasileño… ¿lo pillas?
—No.
—¿No? Pues el defensa de tu equipo tampoco.

141

Dos mujeres están hablando sobre sus maridos:

—El otro día España ganó la final y mi marido ni se inmutó.

—Pues el mío —dice la amiga—, empezó a saltar, a reír, a chillar, a subirse a la mesa, a romper todo lo que tenía cerca y encima me dio un besazo de película.

—Que envidia —contesta—. ¡Estarás contenta!

Y la amiga responde:

—Yo sí. Los del restaurante donde vimos el partido, no tanto.

§ § §

Un seguidor de La Roja está paseando por la ciudad, le pega una patada a un bote y del interior surge un genio, que le dice:

—Te voy a conceder un deseo.

—¿No eran tres? —pregunta el chico.

—Antes sí —contesta el genio—, pero ahora estamos en crisis.

El chico se lo piensa, y dice:

—Ya está. Quiero mil millones de euros.

El genio, enfadado, le dice:

—¿No te he dicho que estamos en crisis?

—Vale —continúa el chico—, quiero que haya paz en el mundo.

—Uf, imposible. ¿Algo más sencillo?

Y el chico, finalmente, dice:

—¡Ya lo tengo! Que La Roja vuelva a ganar el Mundial.

Y el genio, pensándolo, contesta:

—¿Cuántos millones dices que quieres?

§ § §

En un campo de golf un chico busca su pelota pero no la encuentra. Otra jugadora se acerca para ayudarle y le pregunta:

—¿Cómo era su pelota?

—Verde —contesta el chico.

—Pero hombre, ¿a quién se le ocurre utilizar una pelota verde para jugar a golf?

Y el chico contesta:

—Es la que se ve mejor en los búnkeres de arena.

★ ★ ★

Tres amigos deciden jugar al golf, y el primero dice:
—Para jugar necesitamos un palo, una pelota y un agujero. Yo pongo el palo.
El segundo dice:
—Yo pongo la pelota.
Y el tercero dice:
—Pues yo no juego.

Un chico entra en una tienda de deportes y le pregunta al encargado:
—¿Tiene pelotas para jugar al tenis?
—Sí —contesta el encargado.
—Pues le espero mañana a las nueve.

Un corredor de atletismo acaba de batir el récord mundial de los 100 metros lisos. Todos sus amigos y todos los periodistas se acercan para felicitarle y oyen que murmura:

—Como coja al tío que me ha metido el avispero en los calzoncillos, me lo cargo.

—¿Usted es arbitro de tenis?
—¡Noooooo!

En un banco del parque, un chico un poco obeso conoce por fin a la chica con la que contactó por Facebook, y le dice:
—Te dije que me gustaba el atletismo, no que lo practicara.

Un piloto ciego y un copiloto tartamudo participan en un rally, y el tartamudo dice:
—Cur..., cur..., curva a la derecha.
Pero el ciego no tiene tiempo de reaccionar y chocan contra un árbol.
—¿Por qué no me has avisado antes? —se queja el ciego.
Y el tartamudo contesta:
—La vi..., la vi..., la vi...
—Si la viste —continúa el ciego, enfadadísimo—, ¿por qué no me lo dijiste?
Y el tartamudo, por fin, contesta:
—La vi..., la vi..., la Virgen, ¡vaya trompazo!

Un hombre le dice a una amiga:

—Ayer fui al hipódromo.

—¿Y qué tal?

—Pues me puse tan cerca de la salida que un jinete despistado y miope se me subió encima y me obligó a correr dándome latigazos.

La mujer, sorprendida, le pregunta:

—¿Y tú qué hiciste?

Y el chico contesta:

—Quedé segundo.

El marido le pregunta a la mujer:
—¿Qué tal ha ido la clase de golf?
Y la mujer contesta:
—Muy bien. Creo que he ganado. Le he dado a la pelota muchas más veces que las demás.

Julia y Jana están hablando de deportes, y Julia dice:
—A mí me da miedo ese deporte de las espadas.
Jana pregunta:
—¿Esgrima?
Y Julia contesta:
—No, es miedo.

En un ring de boxeo, el presentador anuncia a los contrincantes:

—A mi derecha, con un peso de 150 kilos, 60 victorias, 0 derrotas, 60 heridos y 0 rasguños….. ¡Asesinoooooo Joooooooe!!

El público aplaude emocionado y el presentador continúa la presentación:

—A mi izquierda, con un….. ¡Eeeeh! ¡Detengan a ese boxeador! ¡Que no se escape!

★ ★ ★

Un chico consigue batir el récord mundial de natación atravesando sin parar todo el Mediterráneo. Cuando llega a la orilla, un periodista le pregunta:
—¿Cómo aprendió a nadar así?
Y el chico contesta:
—Porque mi padre me llevaba cada dos días a 100 kilómetros de la costa, me tiraba del barco y yo tenía que volver nadando a casa.
—Vaya —dice el periodista—. Un entrenamiento muy duro, ¿no?
Y el chico contesta:
—Qué va. Eso era fácil. Lo difícil era quitarme las cadenas y salir del saco.

Dos niños están practicando artes marciales en un gimnasio, y uno pregunta:

—Oye, ¿tú sabes por qué mataron a Kung-Fu?

—Ni idea —contesta el amigo.

—Porque lo kunfundieron.

El mismo niño vuelve a preguntar:

—¿Y sabes cuáles son los juegos más limpios?

—Pues claro —contesta el otro—. Las O-limpiadas.

En el trabajo, el jefe le comenta a un empleado:
—Antes, el único deporte que hacía era ver los partidos de golf por la tele, pero mi médico me dijo que tenía que hacer más ejercicio.
—¿Y qué hizo? —pregunta el empleado.
Y el jefe contesta:
—Ahora también veo partidos de tenis.

En el patio del cole un niño está intentando encestar la pelota de básquet en la canasta y un compañero le dice:
—Tienes menos futuro que papá pitufo jugando de pívot.

En un combate de boxeo, un espectador le dice a su amigo:

—Este tío es el mejor boxeador del mundo.

—¿Sí? —pregunta el amigo—. ¿Por qué lo dices?

—Porque se tiró de un quinto piso y esquivó el golpe.

★ ★ ★

Una mujer le pregunta a su marido:

—¿Sabes quién dijo la frase: «Es mejor dar que recibir».

—¿Gandhi? —contesta el marido.

—No —dice la mujer—. Mike Tyson.

★ ★ ★

En una tienda de deportes, un chico compra todos los accesorios para hacer un curso de vela. Cuando va a pagar, el encargado le pregunta:
—¿Dónde va a ir a hacer vela?
Y el chico contesta:
—Quería ir al puerto USB, pero no lo encuentro en ningún mapa.

—Yo, de un solo golpe, rompo una tabla de madera.
—¿Karateca?
—No, leñador.

En una carrera de atletismo, un chico llega contento a la meta y grita:

—Entrenador, entrenador, ¡he llegado solo a la meta!

Y el entrenador contesta:

—Claro, los otros hace dos horas que han llegado.

¿En qué se parece un boxeador a un astrólogo?

En que se pasan el día viendo las estrellas.

★ ★ ★

En el gimnasio, un hombre con una gran barriga cervecera está sudando en la cinta de correr, llega una mujer y le pregunta:
—¿Le queda mucho en la cinta?
Y el hombre, cansadísimo, le contesta:
—Unos 25 kilos.

★ ★ ★

En el hipódromo, un espectador señala a un jinete y le dice a su amigo.
—Mira, ese no necesita caballo para correr.
—¿Por qué? —pregunta el amigo.
—Porque tiene una úlcera galopante.

Un jugador de baloncesto entra en una pescadería y pregunta:
—¿Dónde está la canasta?
Y el pescadero dice:
—¿Qué canasta?
Y el jugador contesta:
—¿Cómo que qué canasta? Fuera hay un cartel que pone «Falta personal».

★ ★ ★

Un chico le dice a su novia:
—¿Sabes el chiste del pescador? ¿No? ¡Pero si es la caña!

Pedro y Juan están jugando al baloncesto al lado de un cementerio donde se está celebrando un funeral. En un momento dado, Juan se acerca al funeral, se arrodilla, reza una oración y vuelve al campo de básquet.

—Vaya —dice Pedro—, me siento orgulloso de jugar contigo. Eres una persona muy educada y respetuosa con el prójimo.

Y Juan contesta:

—Es lo mínimo que podía hacer. Llevábamos veinte años casados.

★ ★ ★

En la escuela de paracaidismo, el instructor contesta a las preguntas de los alumnos. Uno pregunta:
—Si el paracaídas principal no se abre, y el de reserva tampoco, ¿cuánto tiempo pasa hasta que llego al suelo?
Y el instructor contesta:
—El resto de tu vida.

¿Cuál es el colmo de un nadador?
Que se ahogue en un vaso de agua.

Un ciclista andaluz se encuentra con un amigo por la calle, que le pregunta:

—¿Dónde vas con esa bici?

—A cruzar el Estrecho —contesta el ciclista.

—Pero, ¿cómo vas a cruzar el Estrecho en bici? —le dice el amigo.

Y el ciclista contesta:

—Buenoooo. Si tan estrecho es ya bajaré de la bici e iré andando.

★ ★ ★

★ ★ ★

Un chico juega por primera vez al golf, y el profesor le dice:

—Tienes que golpear la pelota con este palo y acercarte lo más posible al agujero que hay debajo de ese banderín.

—Vale —dice el chico.

Se coloca, levanta el palo y golpea la pelota.

—¡Muy bien! —dice el profesor—. ¡Un poco más y la metes!

Y el chico dice, sorprendido:

—¡Usted me dijo que acercara la pelota al agujero, no que la tuviera que meter!

Está a punto de comenzar el combate de boxeo, pero uno de los luchadores está muerto de miedo. El árbitro recuerda las normas:
—Prohibido pegar por debajo del cinturón.

En un curso de submarinismo, el monitor les muestra una tortuga y uno de los alumnos pregunta:
—Profe, ¿esta tortuga es marina?
—Sí —contesta el monitor.
Y el chico, histérico, grita:
—¡Oh, Dios mío! ¡¡Marina!! ¡Te han convertido en tortuga!

★ ★ ★

—Mi hijo va a clases de natación.
—¿Y qué tal?
—Por ahora nada mal.

★ ★ ★

Un chico le dice a su amigo:
—A mí me encanta pasarme los domingos viendo la F1.
—¿Y tus padres qué te dicen? —pregunta el amigo.
—¿Qué quieres que digan? Pues que parezco tonto sentado durante horas mirando el teclado del ordenador.

★ ★ ★

En unos grandes almacenes, en la sección de deportes, una chica le dice a la dependienta:
—Pues a mí lo que me gusta es la escalada.
—¿Ah sí? —pregunta la dependienta—. ¿Eres montañista?
Y la mujer contesta:
—No, peluquera.

Se encuentran dos amigos, y uno le pregunta al otro:
—¿Todavía juegas a tenis con Pedro?
Y el otro contesta:
—¿Jugarías con alguien que siempre llega tarde?
—No.
—¿Jugarías con alguien que no paga nunca?
—No.
—¿Jugarías con alguien que siempre hace trampas?
—No.
—Pues por lo visto Pedro tampoco.

★ ★ ★

Padre e hijo están en un río practicando la pesca, y el hijo pregunta:

—Papá, ¿qué utilizas como cebo?

—Pimientos del padrón —contesta el padre.

—¿Y eso les gusta a los peces?

Y el padre contesta:

—Bueno… unos pican y otros no.

—¿Por qué a tu equipo le llaman el Supermán?
—Porque somos los hombres de acero. Siempre quedamos uno acero, dos acero, tres acero...

✝✝✝

En el estadio, un aficionado no para de gritarle al árbitro:
—¡Ya está bien! ¿Cuando vas a pitar hacia el otro lado?
El árbitro, harto, le contesta:
—En la segunda mitad.

✝✝✝

+++

El entrenador del Real Madrid les pregunta a sus
jugadores:
—¿Tenéis vértigo?
—No —contestan todos— ¿Por qué?
—Porque hoy subiremos a lo alto de la tabla y ya no
nos moveremos de allí.

+++

Las plantillas del Real Madrid y del Lugo están
paseando por la selva y se encuentran con un montón
de leones hambrientos. ¿A quién se comerán?
A los del Madrid, porque les gusta la carne de primera.

176

+++

En la final de fútbol de los Juegos Olímpicos, se levanta
el presidente del COI y empieza a leer su discurso:
—O, o, o, o…
Alguien le interrumpe, y le dice:
—Señor presidente, ¡que los aros olímpicos no se leen!

+++

Un jugador de primera división le dice a su mujer:
—¿Sabes cómo podríamos conseguir un título?
—¿Cómo? —pregunta la mujer.
—Haciendo que el presidente del club se casara con la
Duquesa de Alba.

+++

Dos niños conversan en las gradas:
—¿Quién es el máximo goleador de la historia del fútbol?
—¿Messi?
—No.
—¿Pelé?
—No.
—¿Maradona?
—No. El balón.

+++

¿Por qué al Betis le llaman Trueno?
Porque va detrás del Rayo.

En la tanda de penaltis, un espectador está tan nervioso que no para de comerse las uñas. Una mujer que está a su lado, le dice:

—¿Podría dejar de comerse las uñas, por favor?

Y el hombre responde:

—¿A usted qué le importa si yo me como las uñas?

Y la mujer contesta:

—Es que la mano es mía.

+ + +

+++

¿Por qué algunos espectadores de fútbol llevan una tabla de surf?
Para cuando llegue la ola a sus asientos.

+++

Dos amigos están viendo un reportaje sobre uno de los mejores jugadores de la liga, y uno dice:
—Pues no es tan bueno.
—¿Cómo que no? —responde el otro—. Pero si es un triatleta.
—Sí: corre, hace la bicicleta y después… nada.

¿Por qué a los del Barça les llaman Indios?
Porque siempre tienen a los blancos detrás.

✝✝✝

Se enfrentan Portugal y España en el Mundial. Un hombre llega tarde al estadio, y pregunta:
—¿Por qué pierde Portugal?
Y un portugués contesta:
—Portugol.

✝✝✝

—Como no te tapes se te va a cortar la leche.

—¿Cansado del partido entre solteros contra casados?
—Sí. Es que ahora jugamos solteros contra casados, contra divorciados, contra separados, contra juntados, contra distanciados, contra monoparentales...

¿Por qué en los Estados Unidos piensan que en la selección española de fútbol todos son terroristas? Porque juega un tal Iván.

Un delantero llama a su madre por teléfono, y le dice:
—¡Ayer metí el gol del siglo, mamá!
—¿Ah, sí? —pregunta la madre—. ¿Tan bueno fue?
Y el delantero contesta:
—No, pero es que no marcaba desde 1999.

+ + +

En una reunión de la FIFA, los representantes españoles dicen:
—Podemos organizar nosotros el Mundial. Tenemos el 80% de la instalaciones acabadas.
El presidente del Comité le contesta:
—Los bares no cuentan.
—Ah —responde el español—, entonces no.

+ + +

—Iniesta, ¿vamos al cine?
—No, que no tengo entradas.
—¿Qué no tienes entradas? Ja, ja, ja. Que no tiene entradas, dice...

+++

¿Por qué al último equipo de la Liga le llaman Seur?
Porque trabaja uno y los demás son paquetes.

+++

El presidente de un equipo de primera división está
inspeccionando el césped del terreno de juego, ve que
está muy alto, y le pregunta al cuidador del césped:
—¿Cuándo cortáis el césped?
Y el jardinero contesta:
—Cuando podamos.

Un niño está jugando a fútbol en el jardín de su casa y le dice a su madre, que está en la cocina:

—¿Mamá, la semana que viene puedo ir a ver el partido en directo?

Y la madre le contesta:

—No sé, hijo, que estoy asando un pollo.

Y el niño pregunta:

—¿Y eso qué tiene que ver?

Y la madre contesta:

—Pues que nunca tomo decisiones «al asar».

✝ ✝ ✝

+++

Una madre le dice a su amiga:
—Mi hijo dejó de jugar al fútbol y ahora se dedica al boxeo.
—¿Combate? —pregunta la amiga.
—No, mujer, con guantes. He dicho boxeo, no béisbol.

+++

—¿Por qué los seguidores del Real Murcia se pasan el día en su aeropuerto?
—Porque es el único sitio donde pueden ver en un marcador Murcia-Barcelona, Murcia-Madrid, Murcia-Valencia.

Dos hinchas mirando los resultados del fútbol en el periódico:
—El Hércules ha vuelto a ganar.
—Claro, es superfuerte.

Un aficionado del Sevilla quiere burlarse de su amigo del Betis y le dice:
—¿Cómo se dice «último» en holandés?
—No sé.
—Van De Verde.

✝✝✝

†††

Una madre le pregunta a su hijo:
—¿Cómo va el fútbol?
El hijo contesta:
—¿Podemos hablar de otra cosa?
Y la madre pregunta entonces:
—¿Cómo van los exámenes?
Y el hijo contesta:
—Bueno, cada día entrenamos más y el otro día casi meto un gol.

†††

¿En qué se parecen el Real Madrid y el Fútbol Club Barcelona?
En que el Madrid tiene la novena, y el Barça *no ve ná*.

¿Por qué al primer clasificado le llaman Elefante subido a un árbol?
Porque nadie sabe cómo ha llegado allí.

+ + +

En el banquillo, un futbolista reserva le comenta a otro:
—¿Sabes el chiste del hombre entre dos vallas?
—No.
—*Valla*, hombre, *valla*.

+ + +

193

En medio del terreno de juego, un futbolista ve a su compañero lleno de puntitos rojos, y le dice:

—¡Cuidado, tío! Te están apuntando cientos de francotiradores.

—Que no, hombre —lo tranquiliza—, es que mi hijo tiene el sarampión y me lo ha pegado.

Y el compañero contesta:

—¡Pero eso no es motivo para matarte!

✝ ✝ ✝

+++

Un jugador tiene que tirar el penalti más importante de su carrera, se acerca al banquillo y coge un motón de tabletas de chocolate. El entrenador le pregunta:
—¿Dónde vas con tantas tabletas de chocolate?
Y el jugador contesta:
—Me estoy armando de Valor.

+++

Un aficionado del Betis y un aficionado del Sevilla están a punto de bajar una montaña esquiando, y el del Betis dice:
—¿Qué? ¿Preparándote para el descenso?

A un chico que no entiende mucho de fútbol le han regalado dos entradas para un partido, y le pregunta a su amiga:

—Me han regalado dos entradas para el Betis-Sevilla. ¿Quieres venir conmigo?

—Claro —contesta la amiga—. ¿Dónde juegan?

Y el chico contesta:

—Pues en Sevilla o en Betis, no sé.

✝ ✝ ✝

+++

Un niño andaluz, hincha del Madrid, le dice a su amiga:
—Mi padre se ha ido al Bernabeu a preguntar por zidan.
Y la niña pregunta:
—¿Por Zinedine Zidane?
—¡Noooo! Por zi dan camisetas, zi dan llaveros, zi dan bufandas...

+++

—¡Hijo, deja ya la Play que llevas todo el día jugando!
—¡18 horas no son un día, mamá!

En un partido en directo, un aficionado, enfadadísimo, le grita al delantero de su equipo:
—¡Te mueves menos que un Teletubbie en una cama de velcro!

✝✝✝

—Papá, ¿qué son tres puntos?
—No lo sé, hijo, nosotros somos del Betis.

✝✝✝

—Papá, papá, ¿cómo era aquel villancico?

—¿El de los peces?

—No el otro. El de nuestro equipo de fútbol.

—Pierden y pierden y vuelven a perder…

Índice

¡Escribe
tus propios
chistes!

En el estadio

El fútbol en la tele

Otros deportes

221

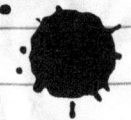

¡Prepárate para troncharte de risa!

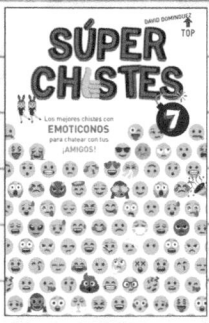

Descubre más chistes en formato e-book en nuestra web:

www.penguinlibros.com